我寫大手筆

手寫心讀古文名段

商務印書館

我寫大手筆——手寫心讀古文名段

文字編著：商務印書館編輯部
書法書寫：方志勇
責任編輯：楊克惠
出　版：商務印書館（香港）有限公司
香港筲箕灣耀興道三號東滙廣場八樓
http://www.commercialpress.com.hk
發　行：香港聯合書刊物流有限公司
香港新界大埔汀麗路三十六號中華商務印刷大廈三字樓
印　刷：中華商務彩色印刷有限公司
香港新界大埔汀麗路三十六號中華商務印刷大廈十四字樓
版　次：二〇一三年六月第一版第一次印刷

ISBN 978 962 07 4485 3
Printed in Hong Kong

說在前面

「這些好東西都決不會消失，
因為一切好東西都永遠存在，
它們只是像冰一樣凝結，
而有一天會像花一樣重開。」

大手筆就是這樣一些作品，在年少的時候曾經讀過，因為當時不經心，因為沒有人生閱歷，因為還有很多無法理解的地方，即使讀過也很快忘記了。但多年後，略知生活滄桑，回頭重讀這些作品，會驚奇地發現，哪怕是已經忘記了那些內容，但它竟然像一粒種子，早已留在了人們身上，構成了人們生活經驗的一部分，甚至影響了人們的思考方式。

像先秦諸子篇章、唐詩宋詞這些影響千年的經典，是啟蒙的入門讀物，也是滋潤代代人成長的文化食糧。要是沒有這些種子，中華文化也就沒有那麼堅韌的生命力，我們的思想也會枯燥乏味很多。

但我讀經典的價值何在？這已經不是一時一地的疑問，已經成為當今世界各地普遍追問的大問題。現代社會中，思想多元化，閱讀小眾化，潮流全球化，時間碎片化，這些古老的篇章，對現代人還有用嗎？

「我寫大手筆」系列是繼「名家大手筆」系列之後，對這一問題的另一種方式的回答。「名家大手筆」從時間浸潤的巨匠手跡中賞讀文學，由文學感悟人生。而「我寫大手筆」則不假外求，直接訴諸讀者自身的人生經歷和書寫行為，從心動手動中，體會經典給我們的影響，我們為甚麼成了現在這個樣子，我們和外部如何互動融合。在書寫中，會重溫往日歡欣，會沉澱舊時傷痛，會重新發現充盈的心靈。

書寫不是一個身體動作，而是一種精神活動，書寫會有思考，也會有情感。「我寫大手筆」是心動手動的閱讀。

書中有書法家硬筆示範，以黑色體在前面顯示續之以淡灰色體印刻，讀者可直接描摹勾勒間有解讀和釋文，圖畫附襯

目錄

編者註：本書所收篇章均為古文名段節選

手寫心讀古文名段

曹劌論戰

公與之乘。戰于長勺。公將鼓之，劌曰：「未可。」齊人三鼓，劌曰：「可矣。」齊師敗績。公將馳之，劌曰：「未可。」下視其轍，登軾而望之，曰：「可矣。」遂逐齊師。既克，公問其故。對曰：「夫戰，勇氣也。一鼓作氣，再而衰，三而竭。彼竭我盈，故克之。夫大國，難測也，懼有伏焉。吾視其轍亂，望其旗靡，故逐之。」

背景

長勺之戰是春秋爭霸中以弱勝強的著名戰例。本段講述了曹劌如何在這場戰爭中巧用戰略、戰術，使魯國最終獲勝。

註譯

(1) 劌：guì，人名。
(2) 靡：mǐ，倒下。

作者簡介

《左傳》原名為《左氏春秋》，相傳是春秋末期的魯國史官左丘明為解釋孔子的《春秋》而作。為中國現存最早的編年體史書。

公與之乘。戰于長勺。公將鼓之，
劌曰：「未可。」齊人三鼓，劌曰：「可矣。」
齊師敗績。公將馳之，劌曰：「未可。」
下視其轍，登軾而望之，曰：「可矣。」
遂逐齊師。既克，公問其故。對曰：
「夫戰，勇氣也。一鼓作氣，再而衰，
三而竭。彼竭我盈，故克之。夫大國
難測也，懼有伏焉。吾視其轍亂，
望其旗靡，故逐之。」

魚我所欲也

魚，我所欲也；熊掌，亦我所欲也。二者不可得兼，捨魚而取熊掌者也。生，亦我所欲也；義，亦我所欲也。二者不可得兼，捨生而取義者也。生亦我所欲，所欲有甚於生者，故不為苟得也；死亦我所惡，所惡有甚於死者，故患有所不辟也。

背景

《孟子》一書主要闡述“人性本善”。本段以比喻的方式引出“捨生取義”的觀點。魚和熊掌成為後世著名比喻。

註譯

(1) 惡：wù，厭惡，憎恨。
(2) 辟：bì，通“避”，躲避。

作者簡介

孟子（前 372 – 前 289 年），名軻，戰國時期思想家，儒家代表人物。著有《孟子》一書。

魚，我所欲也；熊掌，亦我所欲也
二者不可得兼，捨魚而取熊掌者
也。生，亦我所欲也；義，亦我所
欲也，二者不可得兼，捨生而取義
者也。生亦我所欲，所欲有甚於生
者，故不為苟得也；死亦我所惡，
所惡有甚於死者，故患有所不辟
也。

生於憂患，死於安樂

故天將降大任於是人也，必先苦其心志，勞其筋骨，餓其體膚，空乏其身，行拂亂其所為，所以動心忍性，曾益其所不能。人恒過，然後能改；困於心，衡於慮，而後作；徵於色，發於聲，而後喻。入則無法家拂士，出則無敵國外患者，國恒亡。然後知生於憂患，而死於安樂也。

背景

通過舉事例、講道理，説明人才在困難中造就，安逸享樂導致人死國亡。“天將降大任”一段成為勉勵人克服困難、奮發圖強的名句。

註譯

(1) 曾：zēng，通“增”，增加。
(2) 拂：bī，通“弼”，輔佐。

故天將降大任於是人也，必先苦其心志，勞其筋骨，餓其體膚，空乏其身，行拂亂其所為，所以動心忍性，曾益其所不能。人恒過，然後能改；困於心，衡於慮，而後作；徵於色，發於聲，而後喻。入則無法家拂士，出則無敵國外患者，國恒亡。然後知生於憂患，而死於安樂也。

學不可以已

節選自《荀子．勸學》

君子曰：學不可以已。青，取之於藍而青於藍；冰，水為之而寒於水。木直中繩，輮以為輪，其曲中規；雖有槁暴，不復挺者，輮使之然也。故木受繩則直，金就礪則利，君子博學而日參省乎己，則知明而行無過矣。故不登高山，不知天之高也；不臨深谿，不知地之厚也；不聞先王之遺言，不知學問之大也。

背景

通過比喻來強調學習的重要性。文中的警句成為勉勵人學習的常用成語。

註譯

(1) 中：zhōng，適合。
(2) 輮：rōu，通“煣”，用火烤使木條彎曲。
(3) 暴：pù，同“曝”，曬乾。
(4) 省：xǐng，省察，檢查。
(5) 知：zhī，通“智”，智慧。

作者簡介

荀子（約前 313 －前 238 年），名況，戰國末期思想家，儒家代表之一。思想學説收入《荀子》一書。

君子曰：學不可以已。青，取之於藍，而青於藍；冰，水為之，而寒於水。木直中繩，輮以為輪，其曲中規；雖有槁暴，不復挺者，輮使之然也。故木受繩則直，金就礪則利，君子博學而日參省乎己，則知明而行無過矣。故不登高山，不知天之高也；不臨深谿，不知地之厚也；不聞先王之遺言，不知學問之大也。

逍遙遊

北冥有魚，其名為鯤。鯤之大，不知其幾千里也。化而為鳥，其名為鵬。鵬之背，不知其幾千里也；怒而飛，其翼若垂天之雲。是鳥也，海運則將徙於南冥。南冥者，天池也。《齊諧》者，志怪者也。《諧》之言曰：「鵬之徙於南冥也，水擊三千里，摶扶搖而上者九萬里，去以六月息者也。」

背景

以豐富的想像和浪漫的筆法，描繪出一個廣闊的天地和自然悠遊的境界。

註譯

(1) 鯤：kūn，傳說中的大魚。
(2) 垂：chuī，同"陲"，邊際。
(3) 摶：tuān，迴旋而上。

作者簡介

莊子（約前 369 —前 286 年），名周，先秦戰國時期偉大的思想家，道家學說的主要代表。其思想學說收入《莊子》一書。

北冥有魚，其名為鯤。鯤之大，不知其幾千里也。化而為鳥，其名為鵬。鵬之背，不知其幾千里也；怒而飛，其翼若垂天之雲。是鳥也，海運則將徙於南冥。南冥者，天池也。《齊諧》者，志怪者也。《諧》之言曰：「鵬之徙於南冥也，水擊三千里，摶扶搖而上者九萬里，去以六月息者也。」

秋水

莊子與惠子遊於濠梁之上。莊子曰：「鯈魚出遊從容，是魚樂也。」惠子曰：「子非魚，安知魚之樂？」莊子曰：「子非我，安知我不知魚之樂？」惠子曰：「我非子，固不知子矣；子固非魚也，子之不知魚之樂全矣。」莊子曰：「請循其本。子曰『汝安知魚樂』云者，既已知吾知之而問我，我知之濠上也。」

背景

以輕鬆閒適的筆法，描寫兩人一問一答的辯論，詼諧中展現出對事物認知的不同，極富哲理。

註譯

(1) 鯈：shū，鯈魚，一種白色的小魚。

莊子與惠子遊於濠梁之上。莊子
曰：「儵魚出遊從容，是魚之樂也。」
惠子曰：「子非魚，安知魚之樂？」
莊子曰：「子非我，安知我不知魚之
樂？」惠子曰：「我非子，固不知子矣；
子固非魚也，子之不知魚之樂，全
矣。」莊子曰：「請循其本。子曰
『汝安知魚樂』云者，既已知吾知
之而問我，我知之濠上也。」

愚公移山

河曲智叟笑而止之，曰：「甚矣，汝之不惠！以殘年餘力，曾不能毀山之一毛，其如土石何？」北山愚公長息曰：「汝心之固，固不可徹，曾不若孀妻弱子。雖我之死，有子存焉；子又生孫，孫又生子；子又有子，子又有孫；子子孫孫，窮匱也，而山不加增，何苦而不平？」河曲知叟亡以應。

背景

以一智一愚的問答對比，突出愚公的堅定決心。喻指要克服困難必須持之以恒，堅持不懈。

註譯

(1) 惠：huì，通“慧”，聰明。
(2) 匱：kuì，窮盡。
(3) 忘：wú，通“無”，沒有。

作者簡介

《列子》相傳由春秋戰國時代鄭人列禦寇所著，全書分八篇，包含許多寓言。後世亦有學者疑為偽書。

河曲智叟笑而止之，曰：「甚矣，汝之不惠！以殘年餘力，曾不能毀山之一毛，其如土石何？」北山愚公長息曰：「汝心之固，固不可徹，曾不若孀妻弱子。雖我之死，有子存焉；子又生孫，孫又生子；子又有子，子又有孫；子子孫孫，無窮匱也，而山不加增，何苦而不平？」河曲智叟亡以應。

刻舟求剑

楚人有涉江者，其剑自舟中墜於水，遽契其舟，曰：「是吾剑之所從墜。」舟止，從其所契者入水求之。舟已行矣，而剑不行，求剑若此，不亦惑乎？以故法為其國與此同。時已徙矣，而法不徙，以此為治，豈不難哉！

背景

寓言藉楚人刻舟求劍的錯誤，勸勉為政者要與時俱進，若不知改革，就無法治國，後用以比喻人墨守成規，不知變通。

註譯

(1) 契：qì，用刀刻。

作者簡介

《呂氏春秋》，又稱《呂覽》，先秦戰國末期的一部政治理論散文彙編，共 26 卷，160 篇，相傳為秦國相國呂不韋及其門人集體編纂而成。

楚人有涉江者，其劍自舟中墜於水，遽契其舟，曰：「是吾劍之所從墜。」舟止，從其所契者入水求之。舟已行矣，而劍不行，求劍若此，不亦惑乎？以故法為其國與此同。時已徙矣，而法不徙，以此為治，豈不難哉！

高唐賦・序（節選）

昔者先王嘗遊高唐，怠而晝寢，夢見一婦人曰：「妾，巫山之女也。為高唐之客。聞君遊高唐，願薦枕席。」王因幸之。去而辭曰：「妾在巫山之陽，高丘之阻。旦為朝雲，暮為行雨。朝朝暮暮，陽臺之下。」

背景

描寫楚王與巫山神女夢中相會的愛情故事。隱身高唐的巫山神女自由多情、變化神奇，令人心馳神往。

作者簡介

宋玉（約前 298？－約前 222 年？），戰國後期楚國辭賦作家，相傳為屈原學生，後世並稱“屈宋”。

昔者先王嘗遊高唐，怠而晝寢，
夢見一婦人曰：「妾，巫山之女也。為高
唐之客。聞君遊高唐，願薦枕席。」
王因幸之。去而辭曰：「妾在巫山之陽，
高丘之阻。旦為朝雲，暮為行雨。
朝朝暮暮，陽臺之下。」

過秦論（節選）

秦孝公據崤函之固，擁雍州之地，君臣固守，以窺周室。有席捲天下、包舉宇內、囊括四海之意，併吞八荒之心。當是時也，商君佐之，內立法度，務耕織，修守戰之具；外連衡而鬥諸侯。於是秦人拱手而取西河之外。

背景

以雄麗的筆墨鋪寫秦之崛起，用詞鋪張揚厲，使秦之興盛，帶有了排山倒海的氣象。

註譯

(1) 宇內：天地之間，即天下。
(2) 八荒：也作“八方”，指遙遠的地方。
(3) 商君：秦孝公時主持變法的商鞅。

作者簡介

賈誼（前 200 –前 168 年），西漢思想家、文學家，世稱賈太傅、賈生、賈長沙。

秦孝公據崤函之固，擁雍州之地，君臣固守，以窺周室。有席捲天下、包舉宇內、囊括四海之意，併吞八荒之心。當是時也，商君佐之。內立法度，務耕織，修守戰之具；外連衡而鬥諸侯。於是秦人拱手而取西河之外。

報任安書（節選）

人固有一死，死或重於泰山，或輕於鴻毛，用之所趨異也。太上不辱先，其次不辱身，其次不辱理色，其次不辱辭令，其次詘體受辱，其次易服受辱，其次關木索、被箠楚受辱，其次剔毛髮、嬰金鐵受辱，其次毀肌膚、斷肢體受辱，最下腐刑，極矣。傳曰「刑不上大夫」，此言士節不可不勉勵也。

背景

司馬遷在寫給友人任安的信中，不僅申訴自己不幸的遭遇，更強調要死得有價值，表達了為完成《史記》，不惜忍辱偷生的堅定信念。

註譯

(1) 詘：qū，通“屈”，彎曲。
(2) 箠：chuī，小木棒。
(3) 商君：秦孝公時主持變法的商鞅。

作者簡介

司馬遷（前 145? 或前 135? 一前 86 年），西漢史學家、文學家。他撰寫的《史記》被公認為是中國史書的典範。

人固有一死，死或重於泰山，或輕於
鴻毛，用之所趨異也。太上不辱先，其
次不辱身，其次不辱理色，其次不
辱辭令，其次詘體受辱，其次易
服受辱，其次關木索、被箠楚受
受辱，其次剔毛髮、嬰金鐵受辱
，其次毀肌膚、斷肢體受辱，最
下腐刑，極矣。傳曰「刑不上大夫」，此
言士節不可不勉勵也。

鴻門宴

(二)張良至軍門見樊噲。樊噲曰：「今日之事何如？」良曰：「甚急！今者項莊拔劍舞，其意常在沛公也。」噲曰：「此迫矣！臣請入，與之同命。」

(三)沛公已出，項王使都尉陳平召沛公。沛公曰：「今者出，未辭也，為之奈何？」樊噲曰：「大行不顧細謹，大禮不辭小讓。如今人方為刀俎，我為魚肉，何辭為？」於是遂去。

背景

鴻門宴是推翻秦朝後，項羽、劉邦之間一場驚心動魄的宴會，觥籌交錯中，兩路人馬暗較高下，不僅拉開了楚漢爭霸的序幕，亦為後來的勝負埋下伏筆。

註譯

(1) 噲：kuài，人名。
(2) 俎：zǔ，切菜、肉用的砧板。

作者簡介

《史記》是中國第一部紀傳體通史，記載上自上古傳說中的黃帝時代，下至漢武帝元狩元年間共 3000 多年的歷史。

(二)張良至軍門見樊噲。樊噲曰：「今日之事何如？」良曰：「甚急！今者項莊拔劍舞，其意常在沛公也。」噲曰：「此迫矣！臣請入，與之同命。」

(三)沛公已出，項王使都尉陳平召沛公。沛公曰：「今者出，未辭也，為之奈何？」樊噲曰：「大行不顧細謹，大禮不辭小讓。如今人方為刀俎，我為魚肉，何辭為？」於是遂去。

霸王別姬

夜聞漢軍四面皆楚歌，項王乃大驚曰：「漢皆已得楚乎？是何楚人之多也！」項王則夜起，飲帳中。有美人名虞，常幸從；駿馬名騅，常騎之。於是項王乃悲歌慷慨，自為詩曰：「力拔山兮氣蓋世，時不利兮騅不逝。騅不逝兮可奈何，虞兮虞兮奈若何！」歌數闋，美人和之。項王泣數行下，左右皆泣，莫能仰視。

背景

四面楚歌中，項羽引吭高歌，既有大勢已去的浩歎，也有難捨紅顏知己的柔情。一代蓋世英雄悲情謝幕，讓人讀之動容。

註譯

(1) 項王：項羽。
(2) 虞：yū，姓。
(3) 騅：zhuī，青白雜色的馬。

夜聞漢軍四面皆楚歌，項王乃大
驚曰：「漢皆已得楚乎？是何楚人
之多也！」項王則夜起，飲帳中。
有美人名虞，常幸從；駿馬
名騅，常騎之。於是項王乃悲
歌慷慨，自為詩曰：「力拔山兮氣
蓋世，時不利兮騅不逝。騅不逝
兮可奈何，虞兮虞兮奈若何！」
歌數闋，美人和之。項王泣數行
下，左右皆泣，莫能仰視。

前出師表（節選）

臣本布衣，躬耕於南陽，苟全
性命於亂世，不求聞達於諸侯。
先帝不以臣卑鄙，猥自枉屈，三
顧臣於草廬之中，諮臣以當世之
事，由是感激，遂許先帝以
驅馳。後值傾覆，受任於敗軍
之際，奉命於危難之間：爾
來二十有一年矣。

背景

表是古代向帝王上書的一種文體。諸葛亮北伐中原之前給後主劉禪上書表文。本段自述身世，表明自己淡泊的志趣，與對先帝知遇之恩的無限感激，一片丹心昭然紙上。

註譯

(1) 布衣：指普通百姓。
(2) 卑鄙：身份低下，見識淺薄。
(3) 猥：wěi，辱，降低身份。

作者簡介

諸葛亮（181 － 234 年），三國時期蜀漢大臣。

臣本布衣，躬耕於南陽，苟全性命於亂世，不求聞達於諸侯。先帝不以臣卑鄙，猥自枉屈，三顧臣於草廬之中，諮臣以當世之事，由是感激，遂許先帝以驅馳。後值傾覆，受任於敗軍之際，奉命於危難之間：爾來二十有一年矣。

洛神賦（節選）

其形也，翩若驚鴻，婉若游龍。榮曜秋菊，華茂春松。髣髴兮若輕雲之蔽月，飄颻兮若流風之迴雪。遠而望之，皎若太陽升朝霞；迫而察之，灼若芙蕖出淥波。穠纖得衷，脩短合度。肩若削成，腰如約素。延頸秀項，皓質呈露。芳澤無加，鉛華弗御。雲髻峨峨，脩眉聯娟。丹脣外朗，皓齒內鮮。明眸善睞，靨輔承權。

其形也，翩若驚鴻，婉若游龍。
榮曜秋菊，華茂春松。髣髴兮若輕
雲之蔽月，飄颻兮若流風之迴雪
。遠而望之，皎若太陽升朝霞；
迫而察之，灼若芙蕖出淥波。穠
纖得衷，修短合度。肩若削成，
腰如約素。延頸秀項，皓質呈露
。芳澤無加，鉛華弗御。雲髻
峨峨，修眉聯娟。丹唇外朗，皓
齒內鮮。明眸善睞，靨輔承權。

瓌姿艷逸，儀靜體閑。柔情綽態，媚於語言。奇服曠世，骨像應圖。披羅衣之璀粲兮，珥瑤碧之華琚。戴金翠之首飾，綴明珠以耀軀。踐遠遊之文履，曳霧綃之輕裾。微幽蘭之芳藹兮，步踟躕於山隅。

背景

曹植以奇麗的想象、浪漫的視角、神來的筆法，刻畫出一位風華絕代的洛水女神，使人如聞其聲，如睹其形，影幻情真，寫就千古絕唱。

註譯

(1) 髣髴：fǎng fú，隱約，依稀。
(2) 芙蕖：荷花。
(3) 淥：lù，水清。
(4) 穠：nōng，（花木）繁茂；（身體）豐滿。
(5) 靨：yè，酒窩。
(6) 綃：xiāo，絲織物。
(7) 踟躕：chī chū，徘徊不前。

作者簡介

曹植（192 － 232 年），字子建。三國曹魏時期文學家，建安文學代表人物。與曹操、曹丕合稱為“三曹”。

瓌姿豔逸，儀靜體閑。柔情
綽態，媚於語言。奇服曠世，骨
像應圖。披羅衣之璀粲兮，珥瑤
碧之華琚。戴金翠之首飾，綴
明珠以耀軀。踐遠遊之文履，曳
霧綃之輕裾。微幽蘭之芳藹兮
，步踟躕於山隅。

《蘭亭集》序（節選）

是日也，天朗氣清，惠風和暢。仰觀宇宙之大，俯察品類之盛，所以遊目騁懷，足以極視聽之娛，信可樂也。夫人之相與，俯仰一世，或取諸懷抱，悟言一室之內；或因寄所託，放浪形骸之外。雖趣捨萬殊，靜躁不同，當其欣於所遇，暫得於己，快然自足，曾不知老之將至。及其所之既倦，情隨事遷，感慨係之矣。

背景

東晉永和九年三月三日，一群名士聚於蘭亭，飲酒作詩，由王羲之作序，記述蘭亭山水之美和聚會之樂，亦由此引發好景不長，生死無常的感慨。

註譯

(1) 騁：chěng，使…奔馳。
(2) 相與：交往，相處。
(3) 悟言：交談。
(4) 形骸：hāi，身體，軀體。

作者簡介

王羲之（303？－ 361 年？），東晉書法家，有"書聖"之稱。

是日也，天朗氣清，惠風和暢。仰
觀宇宙之大，俯察品類之盛，所以
遊目騁懷，足以極視聽之娛，信可
樂也。夫人之相與，俯仰一世，或取
諸懷抱，悟言一室之內；或因寄
所託，放浪形骸之外。雖趣捨萬
殊，靜躁不同，當其欣於所遇，暫
得於己，快然自足，曾不知老之將
至。及其所之既倦，情隨事遷，感
慨係之矣。

桃花源記（節選）

土地平曠，屋舍儼然，有良田美池、桑竹之屬。阡陌交通，雞犬相聞。其中往來種作，男女衣著，悉如外人；黃髮垂髫，並怡然自樂。見漁人，乃大驚，問所從來。具答之。便要還家，設酒殺雞作食。村中聞有此人，咸來問訊。自云先世避秦時亂，率妻子邑人來此絕境，不復出焉，遂與外人間隔。

背景

這是一片樂土，恬靜、平和。綠水翠竹之間，偶爾可聞雞犬之聲，黃髮垂髫，並怡然自樂。人們日出而作，日落而息，在桃花源裏，時光彷彿凝滯，更不知今夕是何年。

註譯

(1) 儼然：yǎn，整齊的樣子。
(2) 阡陌：qiān mò，田間小路。
(3) 髫：tiáo，古代小童頭上紮起來的下垂頭髮。
(4) 要：yāo，通“邀”，邀請。
(5) 咸：全，都。
(6) 妻子：妻子兒女。

作者簡介

陶淵明（約 365 － 427 年），東晉詩人、散文家。作品多歌詠田園生活。

土地平曠，屋舍儼然，有良田、美
池、桑竹之屬。阡陌交通，雞犬相
聞。其中往來種作，男女衣著，
悉如外人；黃髮垂髫，並怡然自
樂。見漁人，乃大驚，問所從來。具
答之。便要還家，設酒殺雞作食。
村中聞有此人，咸來問訊。自云先
世避秦時亂，率妻子邑人來此
絕境，不復出焉，遂與外人間隔。

歸去來兮辭（節選）

歸去來兮！田園將蕪胡不歸？
既自以心為形役，奚惆悵而獨悲
？悟已往之不諫，知來者之可追
。實迷途其未遠，覺今是而昨非
。舟遙遙以輕颺，風飄飄而吹衣
。問征夫以前路，恨晨光之熹微
。乃瞻衡宇，載欣載奔。僮僕歡迎，稚子候門。三徑就
荒，松菊猶存。攜幼入室，有

歸去來兮！田園將蕪胡不歸？既自以心為形役，奚惆悵而獨悲？悟已往之不諫，知來者之可追。實迷途其未遠，覺今是而昨非。舟遙遙以輕颺，風飄飄而吹衣。問征夫以前路，恨晨光之熹微。乃瞻衡宇，載欣載奔。僮僕歡迎，稚子候門。三徑就荒，松菊猶存。攜幼入室，有

酒盈樽。引壺觴以自酌，眄庭柯以怡顏。倚南窗以寄傲，審容膝之易安。園日涉以成趣，門雖設而常關。策扶老以流憩，時矯首而遐觀。雲無心以出岫，鳥倦飛而知還。景翳翳以將入，撫孤松而盤桓。

背景

陶淵明為官僅八十五日，就辭官回家，從此躬耕隴畝，不再出仕。在那個並不富足的田園裏，他欣然開懷，灑脱自在，享受着心靈的恬淡與悠然。

註譯

(1) 胡：同“何”，為甚麼。
(2) 颺：yāng，飛揚。
(3) 衡宇：簡陋的房舍。
(4) 觴：shāng，古代一種酒器。
(5) 眄：miǎn，斜着眼看。
(6) 扶老：拐杖。
(7) 岫：xiù，山峰。
(8) 翳：yī，陰暗貌。

酒盈樽。引壺觴以自酌，眄庭柯以怡顏。倚南窗以寄傲，審容膝之易安。園日涉以成趣，門雖設而常關。策扶老以流憩，時矯首而遐觀。雲無心以出岫，鳥倦飛而知還。景翳翳以將入，撫孤松而盤桓。

與朱元思書（節選）

風煙俱淨，天山共色，從流飄蕩，任意東西。自富陽至桐廬一百許里，奇山異水，天下獨絕。水皆縹碧，千丈見底。游魚細石，直視無礙。急湍甚箭，猛浪若奔。夾岸高山，皆生寒樹，負勢競上，互相軒邈，爭高直指，千百成峰。泉水激石，泠泠作響；好鳥相鳴，嚶嚶成韻。蟬則千轉不窮

風煙俱淨，天山共色，從流飄蕩，任意東西。自富陽至桐廬一百許里，奇山異水，天下獨絕。水皆縹碧，千丈見底。游魚細石，直視無礙。急湍甚箭，猛浪若奔。夾岸高山，皆生寒樹，負勢競上，互相軒邈，爭高直指，千百成峰。泉水激石，泠泠作響；好鳥相鳴，嚶嚶成韻。蟬則千轉不窮

，猿則百叫無絕。鳶飛戾天者，望峰息心；經綸世務者，窺谷忘反。橫柯上蔽，在晝猶昏；疏條交映，有時見日。

背景

在給朋友的書信中，作者以簡練明快的筆墨，描繪了一幅充滿生機的大自然畫卷，生動展現出富春江沿途的綺麗風光，讀之令人心悅神怡，忘卻塵俗。

註譯

(1) 縹：piǎo，青白色。
(2) 湍：tuān，急流。
(3) 泠：lǐng，水流動的聲音。
(4) 鳶：yuān，飛鳥，俗稱老鷹。
(5) 綸：lūn，治理。

作者簡介

吳均（469 － 520 年），又名吳筠。南朝梁時期的文學家。

，猿則百叫無絕。鳶飛戾天者，
望峰息心；經綸世務者，窺谷
忘反。橫柯上蔽，在晝猶昏；疏
條交映，有時見日。

秋日登洪府滕王閣餞別序（節選）

（一）豫章故郡，洪都新府。星分翼軫，地接衡廬。襟三江而帶五湖，控蠻荊而引甌越。物華天寶，龍光射牛斗之墟；人傑地靈，徐孺下陳蕃之榻。雄州霧列，俊采星馳。

（二）落霞與孤鶩齊飛，秋水共長天一色。漁舟唱晚，響窮彭蠡之濱；雁陣驚寒，聲斷衡陽之浦。

（三）天高地迥，覺宇宙之無窮；興盡悲來，識盈虛之有數。望

(一)豫章故郡，洪都新府。星分
翼軫，地接衡廬。襟三江而帶五
湖，控蠻荊而引甌越。物華天寶
，龍光射牛斗之墟；人傑地靈
，徐孺下陳蕃之榻。雄州霧列，
俊采星馳。

(二)落霞與孤鶩齊飛，秋水共長
天一色。漁舟唱晚，響窮彭蠡之
濱，雁陣驚寒，聲斷衡陽之浦。

(三)天高地迥，覺宇宙之無窮；
興盡悲來，識盈虛之有數。望

長安於日下，目吳會於雲間。地勢極而南溟深，天柱高而北辰遠。關山難越，誰悲失路之人？萍水相逢，盡是他鄉之客。

(四)老當益壯，寧移白首之心；窮且益堅，不墜青雲之志。酌貪泉而覺爽，處涸轍以猶歡。北海雖賒，扶搖可接；東隅已逝，桑榆非晚。

背景

古今傳誦的駢文名篇。寫景之語，更勝丹青，落霞孤鶩、秋水長天，構成一幅景象萬千的絢麗畫卷；抒情言志，有宇宙恢宏之氣，有老當益壯之慨，令人感慨萬千。

註譯

(1) 軫：zhěn，古代星宿名。
(2) 甌：ōu，古地名，今浙江一帶。
(3) 蕃：fān，人名。
(4) 鶩：wù，野鴨。
(5) 彭蠡：古代大澤，即今鄱陽湖。蠡，lǐ。
(6) 迥：jiǒng，大。
(7) 吳會：古代紹興的別稱。會，kuài。
(8) 東隅：日出的地方。隅，yū。

作者簡介

王勃（650 － 676 年），初唐詩人，其詩質樸清新。

長安於日下，目吳會於雲間。地勢極而南溟深，天柱高而北辰遠。關山難越，誰悲失路之人？萍水相逢，盡是他鄉之客。

(四)老當益壯，寧移白首之心；窮且益堅，不墜青雲之志。酌貪泉而覺爽，處涸轍以猶歡。北海雖賒，扶搖可接；東隅已逝，桑榆非晚。

進學解（節選）

國子先生晨入太學，招諸生立館下，誨之曰：「業精於勤，荒於嬉；行成於思，毀於隨。方今聖賢相逢，治具畢張，拔去凶邪，登崇畯良。占小善者率以錄，名一藝者無不庸。爬羅剔抉，刮垢磨光。蓋有幸而獲選，孰云多而不揚。諸生業患不能精，無患有司之不明；行患不能成，無患有司之不公。」

背景

韓愈任國子博士時所作，假託向學生訓話，勉勵他們在學業、德行方面取得進步。學生提出質問，他再進行解釋，故名“進學解”，藉以抒發自己懷才不遇、仕途受挫的牢騷。

註譯

(1) 畯：通“俊”，才智出眾。
(2) 庸：通“用”，採用，錄用。

作者簡介

韓愈（768 — 824 年），字退之，唐代詩人，古文運動的宣導者，唐宋八大家之首。著有《韓昌黎集》、《外集》等。

國子先生晨入太學，招諸生立館下，誨之曰：「業精於勤，荒於嬉；行成於思，毀於隨。方今聖賢相逢，。占小善者率以錄，名一藝者無不庸。爬羅剔抉，刮垢磨光。蓋有幸而獲選，孰云多而不揚。諸生業患不能精，無患有司之不明；行患不能成，無患有司之不公。」

師說（節錄）

（二）古之學者必有師。師者，所以傳道受業解惑也。人非生而知之者，孰能無惑？惑而不從師，其為惑也，終不解矣。生乎吾前，其聞道也固先乎吾，吾從而師之；生乎吾後，其聞道也亦先乎吾，吾從而師之。吾師道也，夫庸知其年之先後生於吾乎？是故無貴無賤，無長無少，道之所存，師之所存也。

(二)古之學者必有師。師者，所以
傳道受業解惑也。人非生而知之者
，孰能無惑？惑而不從師，其為
惑也，終不解矣。生乎吾前，其
聞道也，固先乎吾，吾從而師之
；生乎吾後，其聞道也，亦先乎
吾，吾從而師之。吾師道也，夫
庸知其年之先後生於吾乎？是
故無貴無賤，無長無少，道之
所存，師之所存也。

(三) 孔子曰：「三人行，則必有我師。」是故弟子不必不如師，師不必賢於弟子，聞道有先後，術業有專攻，如是而已。

背景

言簡意賅地説明教師的重要作用，從師學習的必要性以及擇師的原則，表明人與人之間僅僅是“聞道有先後，術業有專攻”的區別，任何人都可以做自己的老師。若持這樣灑脱的態度，則處處可得良師。

註譯

(1) 受：通“授”，傳授。
(2) 不必：不一定。

（三）孔子曰：「三人行，則必有我師。」

是故弟子不必不如師，師不必

賢於弟子，聞道有先後，術業

有專攻，如是而已。

陋室銘

山不在高，有仙則名。水不在深，有龍則靈。斯是陋室，惟吾德馨。苔痕上階綠，草色入簾青。談笑有鴻儒，往來無白丁。可以調素琴，閱金經。無絲竹之亂耳，無案牘之勞形。南陽諸葛廬，西蜀子雲亭。孔子云：「何陋之有？」

背景

全文八十一字，可謂字字寫“陋”，又處處表明“不陋”。小小的蝸居，全無裝飾，所以“陋”；但出入其間的有志趣相投的知己、彌散其中的是高雅的節操，怎能讓主人不怡然自得，樂在其中？

註譯

(1) 馨：xīn，香氣，這裏指品德高尚。
(2) 白丁：沒有學問的人。
(3) 牘：dú，官府公文。

作者簡介

劉禹錫（772 － 842 年），字夢得，唐代中晚期文學家、詩人。

山不在高，有仙則名。水不在深
，有龍則靈。斯是陋室，惟吾
德馨。苔痕上階綠，草色入簾
青。談笑有鴻儒，往來無白丁
。可以調素琴，閱金經。無絲竹
之亂耳，無案牘之勞形。南陽
諸葛廬，西蜀子雲亭。孔子云：
「何陋之有？」

小石潭記（節選）

伐竹取道，下見小潭，水尤清冽。全石以為底，近岸，卷石底以出，為坻為嶼，為嵁為岩。青樹翠蔓，蒙絡搖綴，參差披拂。潭中魚可百許頭，皆若空遊無所依，日光下徹，影佈石上。佁然不動，俶爾遠逝，往來翕忽。似與游者相樂。

背景

一個小小的石潭，人跡罕至，卻充滿生機野趣：石千奇百態，水清透如無，游魚若飛。明暗變幻、動靜交錯之間，使人神遊其境，樂而忘返。

註譯

(1) 坻：chī，水中的高地。
(2) 嵁：kān，突出水面的石頭。
(3) 參差：cēn cī，長短不齊的樣子。
(4) 佁然：靜止不動。佁，yǐ。
(5) 俶爾：忽然。俶，chū。

作者簡介

柳宗元（773 – 819 年），字子厚，唐代著名文學家、詩人，唐宋八大家之一。著有《柳河東集》傳世。

伐竹取道，下見小潭，水尤清
冽。全石以為底，近岸，卷石底
以出，為坻為嶼，為嵁為岩。青
樹翠蔓，蒙絡搖綴，參差披
拂。潭中魚可百許頭，皆若
空遊無所依，日光下澈，影佈
石上。佁然不動，俶爾遠逝，往
來翕忽。似與游者相樂。

捕蛇者說（節選）

（二）悍吏之來吾鄉，叫囂乎東西，隳突乎南北，譁然而駭者，雖雞狗不得寧焉。

（三）孔子曰：「苛政猛於虎也。」吾嘗疑乎是，今以蔣氏觀之，猶信。嗚呼！孰知賦斂之毒，有甚是蛇者乎？故為之說，以俟夫觀人風者得焉。

背景

世人莫不怕蛇，豈有比蛇毒更甚者乎？且聽捕蛇之人泣血傾訴。待聞其詳，又有誰不與之同悲？並痛陳“苛政猛於虎”。

註譯

(1) 隳：huī，破壞，毀壞。
(2) 俟：sì，等待。

(二)悍吏之來吾鄉，叫囂乎東西，隳突乎南北，譁然而駭者，雖雞狗不得寧焉。

(三)孔子曰：「苛政猛於虎也。」吾嘗疑乎是，今以蔣氏觀之，猶信。嗚呼！孰知賦斂之毒，有甚是蛇者乎？故為之說，以俟夫觀人風者得焉。

阿房宮賦（節選）

六王畢，四海一。蜀山兀，阿房出。
覆壓三百餘里，隔離天日。驪山北
構而西折，直走咸陽。二川溶溶
，流入宮牆。五步一樓，十步一閣
；廊腰縵迴，簷牙高啄；各抱
地勢，鉤心鬥角。盤盤焉，囷囷
焉，蜂房水渦，矗不知其幾千
萬落。長橋臥波，未雲何龍？
複道行空，不霽何虹？高低

六王畢，四海一。蜀山兀，阿房出。覆壓三百餘里，隔離天日。驪山北構而西折，直走咸陽。二川溶溶，流入宮牆。五步一樓，十步一閣；廊腰縵迴，簷牙高啄；各抱地勢，鉤心鬥角。盤盤焉，囷囷焉，蜂房水渦，矗不知其幾千萬落。長橋臥波，未雲何龍？複道行空，不霽何虹？高低

冥迷，不知西東。歌台暖響，春光融融；舞殿冷袖，風雨淒淒。一日之內，一宮之間，而氣候不齊。

背景

阿房宮廣覆三百餘里，隔離天日，亭台琳琅，窮盡奢華，宛若人間仙境。古代殿閣無出其右者。何故一把大火便成焦土？作者細述詳末，追古喻今，意味深長。

註譯

(1) 阿房宮：秦始皇統一六國後，在咸陽建造的離宮。遺址在今西安市。阿，ē；房，pāng。
(2) 囷囷：曲折迴旋。囷，qūn。
(3) 霽：jì，雨雪停，天空放晴。

作者簡介

杜牧（803 – 852 年），唐代詩人。著有《樊川文集》。

冥迷，不知西東。歌台暖響，春
光融融；舞殿冷袖，風雨淒
淒。一日之內，一宮之間，而氣候
不齊。

岳陽樓記（節選）

(二)至若春和景明，波瀾不驚，上下天光，一碧萬頃；沙鷗翔集，錦鱗游泳；岸芷汀蘭，郁郁青青。而或長煙一空，皓月千里，浮光躍金，靜影沉璧，漁歌互答，此樂何極！登斯樓也，則有心曠神怡，寵辱偕忘，把酒臨風，其喜洋洋者矣。

(三)至若春和景明，波瀾不驚，上下天光，一碧萬頃；沙鷗翔集，錦鱗游泳；岸芷汀蘭，郁郁青青。而或長煙一空，皓月千里，浮光躍金，靜影沉璧。漁歌互答，此樂何極！登斯樓也，則有心曠神怡，寵辱偕忘，把酒臨風，其喜洋洋者矣。

(三)嗟夫！予嘗求古仁人之心，或異二者之為，何哉？不以物喜，不以己悲。居廟堂之高則憂其民，處江湖之遠則憂其君。是進亦憂，退亦憂。然則何時而樂耶？其必曰：「先天下之憂而憂，後天下之樂而樂」乎！

背景

這是一篇傳世名作，並非因為對岳陽樓風景的描述，而是作者藉此抒發的“先天下之憂而憂，後天下之樂而樂”的情懷。

註譯

(1) 芷：zhǐ，香草名。
(2) 汀：tīng，小洲。
(3) 偕：xiē，一起。
(4) 嗟：jiē，語氣詞。

作者簡介

范仲淹（989 － 1052 年），北宋名臣，文學家。有《范文正公集》傳世。

(三)嗟夫！予嘗求古仁人之心，
或異二者之為，何哉？不以物喜
，不以己悲。居廟堂之高則憂
其民，處江湖之遠則憂其君。
是進亦憂，退亦憂。然則何時
而樂耶？其必曰：「先天下之憂而
憂，後天下之樂而樂」乎！

醉翁亭記（節選）

環滁皆山也。其西南諸峰，林壑尤美。望之蔚然而深秀者，琅琊也。山行六七里，漸聞水聲潺潺，而瀉出於兩峰之間者，釀泉也。峰回路轉，有亭翼然臨於泉上者，醉翁亭也。作亭者誰？山之僧智仙也。名之者誰？太守自謂也。太守與客來飲於此，飲少輒醉，而年又最高，故

環滁皆山也。其西南諸峰，林壑
尤美。望之蔚然而深秀者，琅琊
也。山行六七里，漸聞水聲潺潺
而瀉出於兩峰之間者，釀泉也
。峰回路轉，有亭翼然臨於
泉上者，醉翁亭也。作亭者
誰？山之僧智仙也。名之者誰？
太守自謂也。太守與客來飲於
此，飲少輒醉，而年又最高，故

自號曰「醉翁」也。醉翁之意不在酒，在乎山水之間也。山水之樂，得之心而寓之酒也。

背景

文章描寫了滁州一帶自然景物的幽深秀美，滁州百姓和平寧靜的生活，特別是作者在山林中遊賞宴飲的樂趣。一句"醉翁之意不在酒，在乎山水之間也。"成千古絕唱。

註譯

(1) 滁：chū，滁州，在今安徽。
(2) 琅琊：lāng yā，山名。
(3) 輒：zhé，就。

作者簡介

歐陽修（1007 — 1073），北宋文學家、史學家，"唐宋八大家"之一。有《歐陽修全集》傳世。還撰有《新五代史》、《新唐書》等。

自號曰「醉翁」也。醉翁之意不在酒，在乎山水之間也。山水之樂，得之心而寓之酒也。

愛蓮說（節選）

水陸草木之花，可愛者甚蕃。晉陶淵明獨愛菊。自李唐來，世人甚愛牡丹。予獨愛蓮之出淤泥而不染，濯清漣而不妖，中通外直，不蔓不枝，香遠益清，亭亭淨植，可遠觀而不可褻玩焉。予謂菊，花之隱逸者也；牡丹，花之富貴者也；蓮，花之君子者也。

背景

通過對蓮的形象和品質的描寫，歌頌了蓮花堅貞的品格，從而也表現了作者潔身自愛的高潔人格，不與世俗同流合污和對追名逐利的世態的鄙視和厭惡。

註譯

(1) 蕃：fān，數量多。
(2) 濯：zhuó，洗滌。
(3) 褻：xiè，輕慢，不莊重。

作者簡介

周敦頤（1017 – 1073 年），北宋理學家。著作有《太極圖說》、《通書》。

水陸草木之花，可愛者甚蕃。晉陶淵明獨愛菊。自李唐來，世人甚愛牡丹。予獨愛蓮之出淤泥而不染，濯清漣而不妖，中通外直，不蔓不枝，香遠益清，亭亭淨植，可遠觀而不可褻玩焉。予謂菊，花之隱逸者也；牡丹，花之富貴者也；蓮，花之君子者也。

遊褒禪山記（節錄）

古人之觀於天地、山川、草木、蟲魚、鳥獸，往往有得，以其求思之深而無不在也。夫夷以近，則遊者眾；險以遠，則至者少。而世之奇偉、瑰怪、非常之觀，常在於險遠，而人之所罕至焉，故非有志者不能至也。有志矣，不隨以止也，然力不足者亦不能至也。有志與力，而又不隨

古人之觀於天地、山川、草木、
蟲、魚、鳥獸，往往有得，以其
求思之深而無不在也。夫夷以近
，則遊者眾；險以遠，則至者
少。而世之奇偉瑰怪非常之
觀，常在於險遠，而人之所罕
至焉，故非有志者不能至也。有
志矣，不隨以止也，然力不足者亦
不能至也。有志與力，而又不隨

以怠，至於幽暗昏惑而無物以
相之，亦不能至也。然力足以至焉
而不至，於人為可譏，而在己為
有悔；盡吾志也，而不能至者
，可以無悔矣，其孰能譏之乎？

背景

這是一篇並非以記遊、寫景聞名的遊記，而是將思緒寄寓於遊山探奇的活動中，感悟到要實現遠大理想，需要有堅定的志向和頑強的毅力，頗令人深省。

作者簡介

王安石（1021 － 1086 年），北宋政治家、文學家，唐宋八大家之一。有《王臨川集》、《臨川集拾遺》、《臨川先生集》等傳世。

以怠，至於幽暗昏惑而無物以
相之，亦不能至也。然力足以至焉
而不至，於人為可譏，而在己為
有悔；盡吾志也，而不能至者
，可以無悔矣，其孰能譏之乎？

前赤壁賦（節選）

客亦知夫水與月乎？逝者如斯，
而未嘗往也；盈虛者如彼，而卒
莫消長也。蓋將自其變者而觀
之，則天地曾不能以一瞬；自其不變
者而觀之，則物與我皆無盡也，
而又何羨乎？且夫天地之間，物
各有主，苟非吾之所有，雖一毫而
莫取。惟江上之清風，與山間之明月
，耳得之而為聲，目遇之而成

客亦知夫水與月乎？逝者如斯，
而未嘗往也；盈虛者如彼，而卒
莫消長也。蓋將自其變者而觀
之，則天地曾不能以一瞬；自其不變
者而觀之，則物與我皆無盡也，
而又何羨乎？且夫天地之間，物
各有主，苟非吾之所有，雖一毫而
莫取。惟江上之清風，與山間之明月
，耳得之而為聲，目遇之而成

色，取之無禁，用之不竭。是造物者之無盡藏也，吾與子之所共適。

背景

赤壁江上，月夜泛舟，兩位文人遊三國故地。客弔古傷今，歎人生短暫；主思緒宏闊，勸友人珍惜眼前這無邊的風月。在暢飲談笑中，一番人生領悟娓娓而出。

作者簡介

蘇軾（1037 － 1101 年）字子瞻，號“東坡居士”，世稱“蘇東坡”。北宋著名文學家、詞人。“唐宋八大家”之一。著有《蘇東坡全集》和《東坡樂府》等。

色，取之無禁，用之不竭。是造物者之無盡藏也，吾與子之所共適。

觀潮（節選）

浙江之潮，天下之偉觀也。自既望以至十八日為盛。方其遠出海門，僅如銀線；既而漸近，則玉城雪嶺，際天而來，大聲如雷霆，震撼激射，吞天沃日，勢極雄豪。楊誠齋詩云「海湧銀為郭，江橫玉繫腰」者是也。

背景

錢塘海潮，自古被稱為“天下奇觀”。本文對潮水從形、色、聲、勢着眼，繪形繪色地描寫了這一壯美雄奇的景象。運用比喻、誇張，使觀潮之盛躍然紙上。

註譯

(1) 浙江：即錢塘江。

作者簡介

周密（1232 － 1298 年），南宋文學家。著有筆記集《齊東野語》、《志雅堂雜鈔》、《癸辛雜識》、《武林舊事》等。

浙江之潮，天下之偉觀也。自既望以至十八日為盛。方其遠出海門，僅如銀線；既而漸近，則玉城雪嶺，際天而來，大聲如雷霆，震撼激射，吞天沃日，勢極雄豪。楊誠齋詩云「海湧銀為郭，江橫玉繫腰」者是也。

附：古文名段原文賞讀

曹劌論戰（節選自《左傳．莊公十年》）

公與之乘。戰于長勺。公將鼓之，劌曰：「未可。」齊人三鼓，劌曰：「可矣。」齊師敗績。公將馳之，劌曰：「未可。」下視其轍，登軾而望之，曰：「可矣。」遂逐齊師。既克，公問其故。對曰：「夫戰，勇氣也。一鼓作氣，再而衰，三而竭。彼竭我盈，故克之。夫大國難測也，懼有伏焉，吾視其轍亂，望其旗靡，故逐之。」

魚我所欲也（節選自《孟子．告子上》）

魚，我所欲也；熊掌，亦我所欲也，二者不可得兼，捨魚而取熊掌者也。生，亦我所欲也；義，亦我所欲也，二者不可得兼，捨生而取義者也。生亦我所欲，所欲有甚於生者，故不為苟得也；死亦我所惡，所惡有甚於死者，故患有所不辟也。

生於憂患，死於安樂（節選自《孟子．告子下》）

故天將降大任於是人也，必先苦其心志，勞其筋骨，餓其體膚，空乏其身，行拂亂其所為，所以動心忍性，曾益其所不能。人恒過，然後能改；困於心，衡於慮，而後作；徵於色，發於聲，而後喻。入則無法家拂士，出則無敵國外患者，國恒亡。然後知生於憂患，而死於安樂也。

學不可以已（節選自《荀子．勸學》）

君子曰：學不可以已。青，取之於藍而青於藍；冰，水為之而寒於水。木直中繩，輮以為輪，其曲中規；雖有槁暴，不復挺者，輮使之然也。故木受繩則直，金就礪則利，君子博學而日參省乎己，則知明而行無過矣。故不登高山，不知天之高也；不臨深谿，不知地之厚也；不聞先王之遺言，不知學問之大也。

逍遙遊（節選自《莊子．內篇》）

北冥有魚，其名為鯤。鯤之大，不知其幾千里也。化而為鳥，其名為鵬。鵬之

背，不知其幾千里也；怒而飛，其翼若垂天之雲。是鳥也，海運則將徙於南冥。南冥者，天池也。《齊諧》者，志怪者也。《諧》之言曰：「鵬之徙於南冥也，水擊三千里，摶扶搖而上者九萬里，去以六月息者也。」

秋水（節選自《莊子·外篇》）

莊子與惠子遊於濠梁之上。莊子曰：「儵魚出遊從容，是魚樂也。」惠子曰：「子非魚，安知魚之樂？」莊子曰：「子非我，安知我不知魚之樂？」惠子曰：「我非子，固不知子矣；子固非魚也，子之不知魚之樂全矣。」莊子曰：「請循其本。子曰『汝安知魚樂』云者，既已知吾知之而問我，我知之濠上也。」

愚公移山（節選自《列子·湯問》）

河曲智叟笑而止之，曰：「甚矣，汝之不惠！以殘年餘力，曾不能毀山之一毛，其如土石何？」北山愚公長息曰：「汝心之固，固不可徹，曾不若孀妻弱子。雖我之死，有子存焉；子又生孫，孫又生子；子又有子，子又有孫；子子孫孫，无窮匱也，而山不加增，何苦而不平？」河曲智叟亡以應。

刻舟求劍（節選自《呂氏春秋·察今》）

楚人有涉江者，其劍自舟中墜於水，遽契其舟，曰：「是吾劍之所從墜。」舟止，從其所契者入水求之。舟已行矣，而劍不行，求劍若此，不亦惑乎？以故法為其國與此同。時已徙矣，而法不徙。以此為治，豈不難哉！

高唐賦•序（節選）　宋玉

昔者先王嘗游高唐，怠而晝寢，夢見一婦人曰：「妾，巫山之女也。為高唐之客。聞君游高唐，願薦枕席。」王因幸之。去而辭曰：「妾在巫山之陽、高丘之阻。旦為朝雲，暮為行雨。朝朝暮暮，陽臺之下。」

過秦論（節選）　賈誼

秦孝公據崤函之固，擁雍州之地，君臣固守，以窺周室。有席捲天下、包舉宇內、囊括四海之意，併吞八荒之心。當是時也，商君佐之。內立法度，務耕織，

修守戰之具；外連衡而鬥諸侯。於是秦人拱手而取西河之外。

報任安書（節選） 司馬遷

人固有一死，死或重於泰山，或輕於鴻毛，用之所趨異也。太上不辱先，其次不辱身，其次不辱理色，其次不辱辭令，其次詘體受辱，其次易服受辱，其次關木索、被箠楚受辱，其次剔毛髮、嬰金鐵受辱，其次毀肌膚、斷肢體受辱，最下腐刑，極矣。傳曰「刑不上大夫」，此言士節不可不勉勵也。

鴻門宴 （節選自《史記・項羽本紀》）

（一）張良至軍門見樊噲。樊噲曰：「今日之事何如」？良曰：「甚急！今者項莊拔劍舞，其意常在沛公也。」噲曰：「此迫矣！臣請入，與之同命。」

（二）沛公已出，項王使都尉陳平召沛公。沛公曰：「今者出，未辭也，為之奈何？」樊噲曰：「大行不顧細謹，大禮不辭小讓。如今人方為刀俎，我為魚肉，何辭為？」於是遂去。

霸王別姬 （節選自《史記・項羽本紀》）

夜聞漢軍四面皆楚歌，項王乃大驚曰：「漢皆已得楚乎？是何楚人之多也！」項王則夜起，飲帳中。有美人名虞，常幸從；駿馬名騅，常騎之。於是項王乃悲歌慷慨，自為詩曰：「力拔山兮氣蓋世，時不利兮騅不逝。騅不逝兮可奈何，虞兮虞兮奈若何！」歌數闋，美人和之。項王泣數行下，左右皆泣，莫能仰視。

前出師表（節選） 諸葛亮

臣本布衣，躬耕於南陽，苟全性命於亂世，不求聞達於諸侯。先帝不以臣卑鄙，猥自枉屈，三顧臣於草廬之中，諮臣以當世之事，由是感激，遂許先帝以驅馳。後值傾覆，受任於敗軍之際，奉命於危難之間：爾來二十有一年矣。

洛神賦（節選） 曹植

其形也，翩若驚鴻，婉若游龍。榮曜秋菊，華茂春松。髣髴兮若輕雲之蔽月，飄颻兮若流風之迴雪。遠而望之，皎若太陽升朝霞；迫而察之，灼若芙蕖出淥波。穠纖得衷，修短合度。肩若削成，腰如約素。延頸秀項，皓質呈露。芳澤無加，鉛華弗御。雲髻峨峨，修眉聯娟。丹脣外朗，皓齒內鮮。明眸善睞，靨輔承權。瑰姿豔逸，儀靜體閒。柔情綽態，媚於語言。奇服曠世，骨像應圖。

披羅衣之璀粲兮，珥瑤碧之華琚。戴金翠之首飾，綴明珠以耀軀。踐遠游之文履，曳霧綃之輕裾。微幽蘭之芳藹兮，步踟躕於山隅。

《蘭亭集》序（節選）　王羲之

是日也，天朗氣清，惠風和暢。仰觀宇宙之大，俯察品類之盛，所以遊目騁懷，足以極視聽之娛，信可樂也。夫人之相與，俯仰一世，或取諸懷抱，悟言一室之內；或因寄所託，放浪形骸之外。雖趣捨萬殊，靜躁不同，當其欣於所遇，暫得於己，快然自足，曾不知老之將至。及其所之既倦，情隨事遷，感慨係之矣。

桃花源記（節選）　陶淵明

土地平曠，屋舍儼然，有良田、美池、桑竹之屬。阡陌交通，雞犬相聞。其中往來種作，男女衣著，悉如外人；黃髮垂髫，並怡然自樂。見漁人，乃大驚，問所從來。具答之。便要還家，設酒殺雞作食。村中聞有此人，咸來問訊。自云先世避秦時亂，率妻子邑人來此絕境，不復出焉，遂與外人間隔。

歸去來兮辭（節選）　陶淵明

歸去來兮！田園將蕪胡不歸？既自以心為形役，奚惆悵而獨悲？悟已往之不諫，知來者之可追。實迷途其未遠，覺今是而昨非。舟遙遙以輕颺，風飄飄而吹衣。問征夫以前路，恨晨光之熹微。乃瞻衡宇，載欣載奔。僮僕歡迎，稚子候門。三徑就荒，松菊猶存。攜幼入室，有酒盈樽。引壺觴以自酌，眄庭柯以怡顏。倚南窗以寄傲，審容膝之易安。園日涉以成趣，門雖設而常關。策扶老以流憩，時矯首而遐觀。雲無心以出岫，鳥倦飛而知還。景翳翳以將入，撫孤松而盤桓。

與朱元思書（節選）　吳均

風煙俱淨，天山共色，從流飄蕩，任意東西。自富陽至桐廬一百許里，奇山異水，天下獨絕。水皆縹碧，千丈見底。游魚細石，直視無礙。急湍甚箭，猛浪若奔。夾岸高山，皆生寒樹，負勢競上，互相軒邈，爭高直指，千百成峰。泉

水激石，泠泠作響；好鳥相鳴，嚶嚶成韻。蟬則千轉不窮，猿則百叫無絕。鳶飛戾天者，望峰息心；經綸世務者，窺谷忘反。橫柯上蔽，在晝猶昏；疏條交映，有時見日。

秋日登洪府滕王閣餞別序（節選） 王勃

豫章故郡，洪都新府。星分翼軫，地接衡廬。襟三江而帶五湖，控蠻荊而引甌越。物華天寶，龍光射牛、斗之墟；人傑地靈，徐孺下陳蕃之榻。雄州霧列，俊采星馳……落霞與孤鶩齊飛，秋水共長天一色。漁舟唱晚，響窮彭蠡之濱，雁陣驚寒，聲斷衡陽之浦。……天高地迥，覺宇宙之無窮；興盡悲來，識盈虛之有數。望長安於日下，目吳會於雲間。地勢極而南溟深，天柱高而北辰遠。關山難越，誰悲失路之人？萍水相逢，盡是他鄉之客……老當益壯，寧移白首之心；窮且益堅，不墜青雲之志。酌貪泉而覺爽，處涸轍以猶歡。北海雖賒，扶搖可接；東隅已逝，桑榆非晚。

進學解（節選） 韓愈

國子先生晨入太學，招諸生立館下，誨之曰：「業精於勤，荒於嬉；行成於思，毀於隨。方今聖賢相逢，治具畢張，拔去凶邪，登崇畯良。占小善者率以錄，名一藝者無不庸。爬羅剔抉，刮垢磨光。蓋有幸而獲選，孰云多而不揚。諸生業患不能精，無患有司之不明；行患不能成，無患有司之不公。」

師說（節選） 韓愈

古之學者必有師。師者，所以傳道受業解惑也。人非生而知之者，孰能無惑？惑而不從師，其為惑也，終不解矣。生乎吾前，其聞道也，固先乎吾，吾從而師之；生乎吾後，其聞道也，亦先乎吾，吾從而師之。吾師道也，夫庸知其年之先後生於吾乎？是故無貴無賤，無長無少，道之所存，師之所存也。……孔子曰：「三人行，則必有我師。」是故弟子不必不如師，師不必賢於弟子，聞道有先後，術業有專攻，如是而已。

陋室銘 劉禹錫

山不在高，有仙則名。水不在深，有龍則靈。斯是陋室，惟吾德馨。苔痕上階綠，草色入簾青。談笑有鴻儒，往來無白丁。可以調素琴，閱金經。無絲竹之

亂耳，無案牘之勞形。南陽諸葛廬，西蜀子雲亭。孔子云：「何陋之有？」

小石潭記（節選）　柳宗元

伐竹取道，下見小潭，水尤清冽。全石以為底，近岸，卷石底以出，為坻為嶼，為嵁為岩。青樹翠蔓，蒙絡搖綴，參差披拂。潭中魚可百許頭，皆若空游無所依，日光下徹，影佈石上。佁然不動，俶爾遠逝，往來翕忽。似與遊者相樂。

捕蛇者說（節選）　柳宗元

悍吏之來吾鄉，叫囂乎東西，隳突乎南北，譁然而駭者，雖雞狗不得寧焉。……孔子曰：「苛政猛於虎也。」吾嘗疑乎是，今以蔣氏觀之，猶信。嗚呼！孰知賦斂之毒，有甚是蛇者乎？故為之說，以俟夫觀人風者得焉。

阿房宮賦（節選）　杜牧

六王畢，四海一。蜀山兀，阿房出。覆壓三百餘里，隔離天日。驪山北構而西折，直走咸陽。二川溶溶，流入宮牆。五步一樓，十步一閣；廊腰縵迴，簷牙高啄；各抱地勢，鈎心鬥角。盤盤焉，囷囷焉，蜂房水渦，矗不知其幾千萬落。長橋臥波，未雲何龍？複道行空，不霽何虹？高低冥迷，不知西東。歌台暖響，春光融融；舞殿冷袖，風雨淒淒。一日之內，一宮之間，而氣候不齊。

岳陽樓記（節選）　范仲淹

至若春和景明，波瀾不驚，上下天光，一碧萬頃；沙鷗翔集，錦鱗游泳；岸芷汀蘭，郁郁青青。而或長煙一空，皓月千里，浮光躍金，靜影沉璧。漁歌互答，此樂何極！登斯樓也，則有心曠神怡，寵辱偕忘，把酒臨風，其喜洋洋者矣。……嗟夫！予嘗求古仁人之心，或異二者之為，何哉？不以物喜，不以己悲。居廟堂之高則憂其民，處江湖之遠則憂其君。是進亦憂，退亦憂。然則何時而樂耶？其必曰：「先天下之憂而憂，後天下之樂而樂」乎！

醉翁亭記（節選）　歐陽修

環滁皆山也。其西南諸峰，林壑尤美。望之蔚然而深秀者，琅琊也。山行六七

里，漸聞水聲潺潺而瀉出於兩峰之間者，釀泉也。峰迴路轉，有亭翼然臨於泉上者，醉翁亭也。作亭者誰？山之僧智仙也。名之者誰？太守自謂也。太守與客來飲於此，飲少輒醉，而年又最高，故自號曰「醉翁」也。醉翁之意不在酒，在乎山水之間也。山水之樂，得之心而寓之酒也。

愛蓮說（節選） 周敦頤

水陸草木之花，可愛者甚蕃。晉陶淵明獨愛菊。自李唐來，世人甚愛牡丹。予獨愛蓮之出淤泥而不染，濯清漣而不妖，中通外直，不蔓不枝，香遠益清，亭亭淨植，可遠觀而不可褻玩焉。予謂菊，花之隱逸者也；牡丹，花之富貴者也；蓮，花之君子者也。

遊褒禪山記（節選） 王安石

古人之觀於天地、山川、草木、蟲魚、鳥獸，往往有得，以其求思之深而無不在也。夫夷以近，則遊者眾；險以遠，則至者少。而世之奇偉瑰怪非常之觀，常在於險遠，而人之所罕至焉，故非有志者不能至也。有志矣，不隨以止也，然力不足者亦不能至也。有志與力，而又不隨以怠，至於幽暗昏惑而無物以相之，亦不能至也。然力足以至焉而不至，於人為可譏，而在己為有悔；盡吾志也，而不能至者，可以無悔矣，其孰能譏之乎？

前赤壁賦（節選） 蘇軾

客亦知夫水與月乎？逝者如斯，而未嘗往也；盈虛者如彼，而卒莫消長也。蓋將自其變者而觀之，則天地曾不能以一瞬；自其不變者而觀之，則物與我皆無盡也，而又何羨乎？且夫天地之間，物各有主，苟非吾之所有，雖一毫而莫取。惟江上之清風，與山間之明月，耳得之而為聲，目遇之而成色，取之無禁，用之不竭。是造物者之無盡藏也，而吾與子之所共適。

觀潮（節選） 周密

浙江之潮，天下之偉觀也。自既望以至十八日為盛。方其遠出海門，僅如銀線；既而漸近，則玉城雪嶺，際天而來，大聲如雷霆，震撼激射，吞天沃日，勢極雄豪。楊誠齋詩云「海湧銀為郭，江橫玉繫腰」者是也。